CATECISMO
DE LA DOCTRINA
CRISTIANA

Selección, diseño y composición por:
P. Enrique Escribano

Aprobado por
Mons. Luis Gerardo Cabrera Herrera,
arzobispo de Guayaquil, Ecuador

Octava edición
Guayaquil, Ecuador, 9 de abril de 2017
Versión 6.7

Shoreless Lake Press

Este catecismo pertenece a

....

© 2017 Shoreless Lake Press
ISBN 978-0-9972194-3-2

Ninguna parte de esta publicación puede ser reproducida por ningún medio sin el previo permiso por escrito del poseedor de los derechos.

ORACIONES DEL CRISTIANO

La señal de la Santa Cruz

Por la señal de la Santa Cruz, +
de nuestros enemigos +
líbranos, Señor, Dios nuestro. +
En el nombre del Padre y del Hijo
y del Espíritu Santo. +
Amén.

El Padrenuestro

Padre nuestro, que estás en el cielo, santificado sea tu nombre; venga a nosotros tu Reino; hágase tu voluntad, en la tierra como en el cielo.

Danos hoy nuestro pan de cada día; perdona nuestras ofensas, como también nosotros perdonamos a los que nos ofenden; no nos dejes caer en la tentación; y líbranos del mal. Amén.

El Avemaría

Dios te salve, María; llena eres de gracia; el Señor es contigo; bendita Tú eres entre todas las mujeres, y bendito es el fruto de tu vientre, Jesús.

Santa María, Madre de Dios, ruega por nosotros, pecadores, ahora y en la hora de nuestra muerte. Amén.

Acto de contrición

Señor mío Jesucristo, Dios y Hombre verdadero, Creador, Padre y Redentor mío; por ser Vos quien sois, Bondad infinita, y porque os amo sobre todas las cosas, me pesa de todo corazón haberos ofendido; también me pesa porque podéis castigarme con las penas del infierno.

Ayudado de vuestra divina gracia, propongo firmemente nunca más pecar, confesarme y cumplir la penitencia que me fuere impuesta. Amén.

Gloria

Gloria al Padre y al Hijo y al Espíritu Santo.

Como era en el principio, ahora y siempre, por los siglos de los siglos. Amén.

Salve

Dios te salve, Reina y Madre de misericordia, vida, dulzura y esperanza nuestra; Dios te salve. A Ti llamamos los desterrados hijos de Eva; a Ti suspiramos, gimiendo y llorando, en este valle de lágrimas. Ea, pues, Señora, abogada nuestra, vuelve a nosotros esos tus ojos misericordiosos; y  después de este destierro muéstranos a Jesús, fruto bendito de tu vientre.

¡Oh clementísima, oh piadosa, oh dulce Virgen María! Ruega por nosotros, Santa Madre de Dios, para que seamos dignos de alcanzar las promesas de Nuestro Señor Jesucristo. Amén.

Bendita sea tu pureza

Bendita sea tu pureza,
y eternamente lo sea,
pues todo un Dios se recrea
en tan graciosa belleza.
A Ti, celestial Princesa,
Virgen sagrada, María,
yo te ofrezco en este día
alma, vida y corazón.
Mírame con compasión.
No me dejes, Madre mía.

Oración al Ángel de la Guarda

Ángel de mi guarda,
dulce compañía,
no me desampares
ni de noche ni de día.
No me dejes solo,
que me perdería.

PROFESIÓN DE FE

Credo niceno-constantinopolitano

Creo en un solo Dios, Padre todopoderoso, Creador del cielo y de la tierra, de todo lo visible y lo invisible.

Creo en un solo Señor, Jesucristo, Hijo único de Dios, nacido del Padre antes de todos los siglos: Dios de Dios, Luz de Luz, Dios verdadero de Dios verdadero, engendrado, no creado, de la misma naturaleza del Padre, por quien todo fue hecho; que por nosotros, los hombres, y por nuestra salvación bajó del cielo, y por obra del Espíritu Santo se encarnó de María, la Virgen, y se hizo hombre; y por nuestra causa fue crucificado en tiempos de Poncio Pilato; padeció y fue sepultado, y resucitó al tercer día, según las Escrituras, y subió al cielo, y está sentado a la derecha del Padre; y de nuevo vendrá con gloria para juzgar a vivos y muertos, y su reino no tendrá fin.

Creo en el Espíritu Santo, Señor y dador de vida, que procede del Padre y del Hijo, que con el Padre y el Hijo recibe una misma adoración y gloria, y que habló por los profetas.

Creo en la Iglesia, que es una, santa, católica y apostólica. Confieso que hay un solo bautismo para el perdón de los pecados. Espero la resurrección de los muertos y la vida del mundo futuro. Amén.

Los mandamientos de la Ley de Dios son diez:

-El primero, amarás a Dios sobre todas las cosas.
-El segundo, no tomarás el nombre de Dios en vano.
-El tercero, santificarás las fiestas.
-El cuarto, honrarás a tu padre y a tu madre.
-El quinto, no matarás.
-El sexto, no cometerás actos impuros.
-El séptimo, no robarás.
-El octavo, no dirás falso testimonio ni mentirás.
-El noveno, no consentirás pensamientos ni deseos impuros.
-El décimo, no codiciarás los bienes ajenos.

Estos diez mandamientos se encierran en dos: Amarás a Dios sobre todas las cosas y al prójimo como a ti mismo.

Los Mandamientos más generales de la Santa Madre Iglesia son cinco:

El primero, oír Misa entera todos los domingos y fiestas de guardar.

El segundo, confesar los pecados mortales al menos una vez al año, en peligro de muerte o si se ha de comulgar.

El tercero, comulgar por Pascua de Resurrección.

El cuarto, ayunar y abstenerse de comer carne cuando lo manda la Santa Madre Iglesia.

El quinto, ayudar a la Iglesia en sus necesidades.

Los Sacramentos

Los sacramentos son siete:
El primero, Bautismo.
El segundo, Confirmación.
El tercero, Penitencia.
El cuarto, Eucaristía.
El quinto, Unción de enfermos.
El sexto, Orden sacerdotal.
El séptimo, Matrimonio.

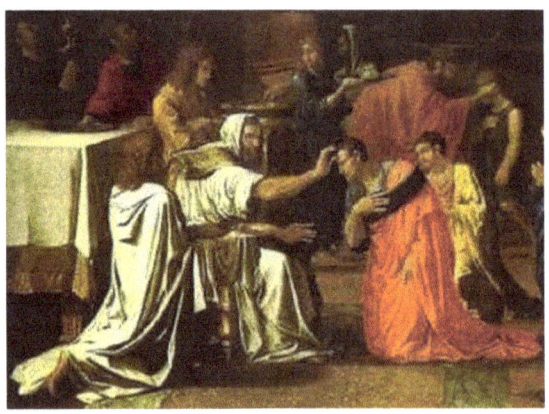

VERDADES QUE DEBEMOS CREER

1. ¿Quién es Dios?
Dios es nuestro Padre, que está en los cielos, Creador y Señor de todas las cosas, que premia a los buenos y castiga a los malos.

2. ¿Por qué decimos que Dios es infinitamente perfecto?
Decimos que Dios es infinitamente perfecto porque tiene todas las perfecciones, sin defecto ni límite.

3. ¿Por qué decimos que Dios es infinitamente poderoso?
Decimos que Dios es infinitamente poderoso porque con su poder hace todo cuanto quiere.

4. ¿Por qué decimos que Dios es principio de todas las cosas?
Decimos que Dios es principio de todas las cosas porque las ha creado todas.

5. ¿Dónde está Dios?
Dios está en los cielos, en la tierra y en todas partes.

6. ¿Hay un solo Dios?
Sí. Hay un solo Dios.

7. ¿Quién es la Santísima Trinidad?
La Santísima Trinidad es el mismo Dios, Padre, Hijo y Espíritu Santo, tres personas distintas y un solo Dios verdadero.

8. ¿Cuántas personas hay en Dios?
En Dios hay tres personas: Padre, Hijo y Espíritu Santo.

9. ¿Por qué decimos que Dios es Creador?
Decimos que Dios es Creador porque todas las cosas las hizo de la nada.

10. ¿Qué son los ángeles?
Los ángeles son espíritus puros, esto es, sin cuerpo, que tienen entendimiento y voluntad.

11. ¿Quién es el Ángel de la Guarda?

El Ángel de la guarda es el que Dios nos da a cada uno para que nos guarde en la tierra y nos guíe hacia el cielo.

12. *¿Quiénes son los demonios?*
Los demonios son los ángeles que desobedecieron a Dios y fueron condenados al infierno.

13. ¿Qué es el hombre?
El hombre es un ser racional y libre, compuesto de alma y cuerpo, creado por Dios a su imagen y semejanza.

14. ¿Cómo es nuestra alma?
Nuestra alma es espiritual e inmortal, dotada de entendimiento y voluntad.

15. *¿Qué es el pecado original?*
El pecado original es aquel con que todos nacemos, heredado de nuestros primeros padres.

16. *¿Cómo se quita el pecado original?*
El pecado original se quita por el Bautismo.

17. ¿Cuál de las tres personas de la Santísima Trinidad se hizo hombre?
Se hizo hombre la segunda Persona de la Santísima Trinidad, que es el Hijo.

18. ¿Para qué se hizo hombre el Hijo de Dios?
El Hijo de Dios se hizo hombre para redimirnos del pecado y darnos ejemplo de vida.

19. ¿Quién es Jesucristo?
Jesucristo es el Hijo de Dios hecho hombre que nació de la Virgen María.

20. ¿Quién es la Virgen María?
La Virgen María es la Señora llena de gracia y virtudes, concebida sin pecado, que es Madre de Dios y Madre nuestra y está en el cielo en cuerpo y alma.

21. ¿Por qué decimos que la Virgen María es Madre de Dios?
Decimos que la Virgen María es Madre de Dios porque de Ella nació Jesucristo, que es verdadero Dios y verdadero hombre.

22. ¿Cuántas naturalezas hay en Jesucristo?
En Jesucristo hay dos naturalezas: una divina, porque es Dios, y otra humana, porque es hombre.

23. ¿Cuántas personas hay en Jesucristo?
En Jesucristo hay una sola persona, que es divina, y es la segunda persona de la Santísima Trinidad.

24. ¿Por quiénes padeció y murió Jesucristo?
Jesucristo padeció y murió por todos los hombres.

25. ¿Cuándo ha de venir Jesucristo a juzgar a los vivos y a los muertos?
Jesucristo ha de venir a juzgar a los vivos y a los muertos, con toda su gloria y majestad, al fin del mundo.

26. ¿Quién es el Espíritu Santo?
El Espíritu Santo es la tercera Persona de la Santísima Trinidad, que procede del Padre y del Hijo.

27. ¿Para qué envió Jesucristo el Espíritu Santo?
Jesucristo envió el Espíritu Santo para santificar nuestras almas y asistir a su Santa Iglesia.

28. ¿Qué es la Santa Iglesia?
La Santa Iglesia es la congregación de los fieles cristianos, fundada por Jesucristo, y cuya cabeza visible es el Papa.

29. ¿Cómo perdona la Iglesia los pecados?
La Iglesia perdona los pecados en nombre de Jesucristo, por el sacramento de la penitencia.

30. ¿Cómo premia Dios a los buenos y castiga a los malos?
Dios premia a los buenos dándoles el cielo, y castiga a los malos condenándolos al infierno.

31. ¿Quiénes van al cielo?
Van al cielo los que mueren en gracia de Dios

32. ¿Quiénes van al infierno?
Van al infierno los que mueren en pecado mortal.

33. ¿Qué es pecado?
Pecado es toda desobediencia voluntaria a la Ley de Dios.

34. ¿De qué manera se comete pecado?
El pecado se comete por pensamiento, deseo, palabra, obra u omisión.

35. ¿Cómo puede ser el pecado?
El pecado puede ser mortal y venial.

36. ¿Qué es pecado mortal?
Pecado mortal es una desobediencia voluntaria a la Ley de Dios en materia grave, con plena advertencia y perfecto consentimiento.

37. ¿Por qué se llama pecado mortal?
Se llama pecado mortal porque priva al alma de la vida de la gracia y la hace merecedora de las penas del infierno.

38. ¿Qué es pecado venial?
Pecado venial es una desobediencia voluntaria a la Ley de Dios en materia leve, o en materia grave si no hay plena advertencia o perfecto consentimiento.

39. ¿Qué males nos causa el pecado venial?
El pecado venial disminuye el fervor de la caridad, nos dispone al pecado mortal, y nos hace merecedores de las penas del purgatorio.

SANTIFICACIÓN CRISTIANA

40. ¿Qué es la gracia?
La gracia es un don sobrenatural que Dios nos concede para alcanzar la vida eterna.

41. ¿Cuántas clases hay de gracia?
Hay dos clases de gracia: la gracia santificante y la gracia actual.

42. ¿A qué llamamos gracia santificante?
Llamamos gracia santificante a la que nos hace hijos de Dios y herederos del cielo.

43. ¿Qué es la gracia actual?
Gracia actual es un auxilio de Dios que ilumina nuestro entendimiento y mueve nuestra voluntad para obrar el bien y evitar el mal.

44. ¿Qué es virtud?
Virtud es una disposición permanente del alma para obrar el bien.

45. ¿Cuántas son las virtudes teologales?
Las virtudes teologales son tres: fe, esperanza y caridad.

46. ¿Qué es la fe?
Fe es una virtud sobrenatural por la que creemos firmemente lo que Dios ha revelado y la Iglesia nos enseña.

47. ¿Qué es la esperanza?
Esperanza es una virtud sobrenatural por la cual confiamos que Dios nos dará la gloria mediante su gracia y nuestras buenas obras.

48. ¿Qué es la caridad?
Caridad es una virtud sobrenatural por la que amamos a Dios sobre todas las cosas por ser quién es y a nosotros y al prójimo por amor a Dios.

49. ¿Quién ama a Dios sobre todas las cosas?
Ama a Dios sobre todas las cosas el que cumple todos sus mandamientos.

50. ¿Cuál es el acto más importante del culto público?
El acto más importante del culto público es el santo sacrificio de la Misa.

51. ¿Qué es sacramento?
Sacramento es un signo sensible instituido por Jesucristo para darnos la gracia.

52. ¿Los sacramentos dan siempre la gracia?
Los sacramentos dan siempre la gracia si se reciben con las disposiciones necesarias.

53. ¿Qué pecado comete el que recibe un sacramento sin las disposiciones necesarias?
El que recibe un sacramento sin las disposiciones necesarias comete un pecado mortal de sacrilegio.

54. ¿Qué sacramentos se reciben una sola vez?
Se reciben una sola vez el Bautismo, la Confirmación y el Orden Sacerdotal, porque imprimen en el alma una señal imborrable que se llama carácter sacramental.

55. ¿Qué es el bautismo?
El Bautismo es el sacramento de la regeneración por el que somos incorporados a Cristo y nacemos a la vida de la gracia.

56. ¿Cuándo se debe administrar el Bautismo a los niños?
El Bautismo se debe administrar a los niños lo más pronto posible.

57. ¿Qué es la confirmación?
La Confirmación es el sacramento que nos aumenta la gracia del Espíritu Santo, para fortalecernos en la fe y hacernos soldados y apóstoles de Cristo.

58. ¿Qué es la penitencia?
La Penitencia es el sacramento que perdona los pecados cometidos después del Bautismo.

59. ¿Cuándo recibimos el sacramento de la penitencia?
Recibimos el sacramento de la penitencia cuando nos confesamos bien y recibimos la absolución.

60. ¿Cuántas cosas son necesarias para confesarnos bien?
Para confesarnos bien son necesarias cinco cosas: examen de conciencia, dolor de los pecados, propósito de enmienda, decir los pecados al confesor y cumplir la penitencia.

61. ¿Qué es examen de conciencia?
Examen de conciencia es recordar todos los pecados cometidos desde la última confesión bien hecha.

62. ¿Qué es dolor de los pecados?
Dolor de los pecados es un sentimiento o pesar sobrenatural de haber ofendido a Dios.

63. ¿De cuántas maneras es el dolor de los pecados? El dolor de los pecados es de dos maneras: dolor de contrición y dolor de atrición.

64. ¿Qué es dolor de contrición?
Dolor de contrición o contrición perfecta es un sentimiento o pesar sobrenatural de haber ofendido a Dios por ser El quien es, Bondad infinita, digno de ser amado sobre todas las cosas.

65. ¿Qué es dolor de atrición?
Dolor de atrición es un sentimiento o pesar sobrenatural de haber ofendido a Dios por temor al castigo o por la misma fealdad del pecado.

66. ¿Basta el dolor de atrición para perdonar los pecados mortales?
El dolor de atrición no basta para perdonar los pecados mortales, sino que es necesario confesarlos y recibir la absolución.

67. ¿Qué es propósito de enmienda?
Propósito de enmienda es una firme resolución de no volver a pecar.

68. ¿Cuándo tenemos verdadero propósito de enmienda?
Tenemos verdadero propósito de enmienda cuando estamos dispuestos a poner los medios necesarios para evitar el pecado y huir de las ocasiones de pecar.

69. ¿Qué pecados debemos confesar?
Debemos confesar todos los pecados mortales, y conviene decir también los veniales.

70. ¿Cómo se han de confesar los pecados?
Los pecados se han de confesar con humildad y sencillez, manifestando los ciertos como ciertos, los dudosos como dudosos, y aquellas circunstancias que aumenten o disminuyan su gravedad.

71. ¿Hay que confesar el número exacto de los pecados mortales cometidos?
Hay que confesar el número exacto de los pecados mortales cometidos, y si no se recuerda, el número aproximado.

72. ¿Cómo peca el que calla a sabiendas algún pecado mortal?
El que calla a sabiendas algún pecado mortal comete un grave sacrilegio, y no se le perdonan los pecados confesados.

73. ¿Qué es cumplir la penitencia?
Cumplir la penitencia es rezar las oraciones y hacer las buenas obras que mande el confesor, para satisfacer por la pena temporal de los pecados.

74. *¿Qué es la Eucaristía?*
La Eucaristía es el sacramento del Cuerpo y Sangre de Jesucristo bajo las especies de pan y vino.

75. ¿Cuántas cosas hay que considerar en la Eucaristía?
En la Eucaristía hay que considerar tres cosas:
La primera, que en la Eucaristía está real y verdaderamente Jesucristo.
La segunda, que en la Eucaristía se ofrece por nosotros Jesucristo en la Santa Misa.
La tercera, que en la Eucaristía recibimos a Jesucristo en la Sagrada Comunión.

76. ¿Cuándo instituyó Jesucristo la Eucaristía?
Jesucristo instituyó la Eucaristía el día de Jueves Santo, en la última cena.

77. ¿Cuándo empieza Jesucristo a estar en la Eucaristía?
Jesucristo empieza a estar en la Eucaristía en el momento de la consagración en la Misa.

78. ¿Qué es la Hostia antes de la consagración?
La Hostia antes de la consagración es pan de trigo.

79. ¿Qué es la Hostia después de la consagración?
La Hostia después de la consagración es por el sentido primario de las palabras el Cuerpo de Jesucristo, aunque por razón del Cuerpo Glorioso es Cristo todo.

80. ¿Qué hay en el cáliz antes de la consagración?
En el cáliz antes de la consagración hay vino con unas gotas de agua.

81. ¿Qué hay en el cáliz después de la consagración?
En el cáliz después de la consagración está por el sentido primario de las palabras la Sangre de Jesucristo, aunque por razón del Cuerpo Glorioso está Cristo todo.

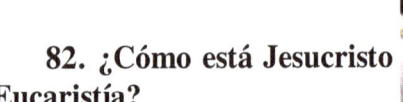

82. ¿Cómo está Jesucristo en la Eucaristía?
Jesucristo está todo entero en todas y cada una de las partes de las sagradas especies.

83. ¿Cuál es el sacrificio de la Nueva Ley de Jesucristo?
El sacrificio de la Nueva Ley de Jesucristo es el sacrificio de la Cruz que se renueva sacramentalmente en la Santa Misa.

84. ¿Cuáles son los fines de la Santa Misa?
Los fines de la Santa Misa son cuatro: adorar a Dios, darle gracias, pedirle beneficios y satisfacer por nuestros pecados.

85. ¿Cuáles son las partes principales de la Santa Misa?
Las partes principales de la Santa Misa son: el Ofertorio, la Consagración y la Comunión.

86. ¿Qué es la Sagrada Comunión?
La Sagrada Comunión es recibir al mismo Jesucristo bajo las especies de pan y vino.

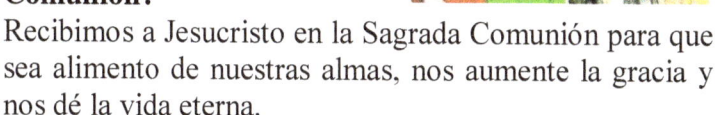

87. ¿Para qué recibimos a Jesucristo en la Sagrada Comunión?
Recibimos a Jesucristo en la Sagrada Comunión para que sea alimento de nuestras almas, nos aumente la gracia y nos dé la vida eterna.

88. ¿Cuántas cosas son necesarias para recibir bien la Sagrada Comunión?
Para recibir bien la Sagrada Comunión son necesarias tres cosas: estar en gracia de Dios, guardar el ayuno eucarístico y saber a quién recibimos.

89. ¿Quién está en gracia de Dios?
Está en gracia de Dios el que está limpio de pecado mortal.

90. ¿Qué es guardar el ayuno eucarístico?
Guardar el ayuno eucarístico es no haber comido ni bebido desde una hora antes de comulgar. El agua no rompe el ayuno.

91. ¿Cómo hemos de acercarnos a la Sagrada Comunión?
Hemos de acercarnos a la Sagrada Comunión con fe viva, fervor, humildad y modestia.

92. ¿Qué pecado comete el que comulga en pecado mortal?
El que comulga en pecado mortal comete un horrible sacrilegio.

93. ¿Qué es la unción de enfermos?
La Unción de enfermos es el sacramento que alivia el alma y el cuerpo del cristiano gravemente enfermo.

94. ¿Quién debe recibir la Unción de enfermos?
Debe recibir la Unción de enfermos todo cristiano llegado al uso de razón, que se halle en peligro de muerte por enfermedad o vejez.

95. ¿Qué es el orden sacerdotal?
El Orden Sacerdotal es el sacramento por el cual algunos cristianos son elevados a la dignidad de ministros de Dios.

96. ¿Qué es el matrimonio?
El Matrimonio es el sacramento que santifica la unión del hombre y la mujer, y les da la gracia para que vivan en paz y críen hijos para el cielo.

EXAMEN DE CONCIENCIA PARA LA CONFESIÓN

Primer mandamiento

* ¿He hecho con desgana las cosas que se refieren a Dios?

* ¿He hablado sin reverencia de Dios o de las cosas santas, de la Iglesia o de sus ministros?

* ¿Hago bien todos los días los actos de piedad que me he propuesto (como por ejemplo, las oraciones al levantarme o al acostarme, etc.)?

* ¿Rezo siempre con la debida atención y reverencia, procurando no distraerme?

* ¿He recibido indignamente algún sacramento?

* ¿Trato de aumentar mi fe y mi amor a Dios?

Tercer mandamiento y primero a cuarto mandamientos de la Santa Madre Iglesia

* ¿He faltado los domingos o días festivos a Misa?

* ¿Me he preocupado de que mis padres oigan la Santa Misa también? ¿Me he distraído voluntariamente en ella o llegado tan tarde que no haya cumplido con el precepto?

* ¿Creo todo lo que la Iglesia católica enseña?

* ¿He callado en la confesión, por vergüenza, algún pecado grave? ¿Cumplí la penitencia que me fue impuesta?

* ¿Excuso o justifico mis pecados?

* ¿Después de cometer un pecado mortal me he confesado lo antes posible? ¿Me confieso con frecuencia, preparando bien la confesión?

Cuarto mandamiento

* ¿He obedecido siempre y con prontitud y alegría a mis padres, profesores y otras personas mayores? ¿Les he dado algún disgusto grande o les he tratado con poco respeto y cariño?

* ¿Les ayudo en las tareas de la casa con prontitud y agrado?

* ¿Me enfado y peleo con mis hermanos y compañeros? ¿Soy egoísta y me duele dejarles las cosas que tengo?

* ¿Soy amable con los extraños y me falta esa amabilidad en la vida de familia?

Quinto mandamiento

* ¿He hecho daño de palabra u obra a otros? ¿Se lo he deseado de corazón? ¿Tengo odio o rencor a alguien?

* ¿He hecho sufrir a los demás con burlas o los he molestado en su trabajo o en su descanso?

Segundo mandamiento

* ¿He dicho blasfemias o palabras injuriosas contra Dios, los santos o las cosas santas? ¿Ha sido delante de otros?

* ¿He jurado sin necesidad, con mentira o con alguna duda de si era verdad? ¿He reparado el daño que haya podido ocasionar?

* ¿Hago con desgana las cosas que se refieren a Dios?¿Me he portado mal dentro de la Iglesia, hablando, comiendo chicle,... y he hecho que otros hagan lo mismo?

Sexto y noveno mandamientos

* ¿Me he deleitado en pensamientos y deseos impuros? ¿He mirado, hablado o leído cosas deshonestas? ¿He sido causa de que otros pecasen por mi modo de vestir?

* ¿He tenido alguna acción impura conmigo mismo o con otros?

* ¿Acudo con prontitud a la Virgen María cuando me siento tentado en esta materia? ¿Guardo los detalles de pudor y modestia que son defensa de la pureza?

Séptimo y décimo mandamientos y quinto mandamiento de la Santa Madre Iglesia

* ¿He robado dinero o alguna otra cosa? ¿Lo he devuelto? ¿Retengo lo que pertenece a otras personas en contra de su voluntad?

*¿He perjudicado a otros con engaños o trampas? ¿He reparado el daño causado?

* ¿He cumplido con mi estudio debidamente? ¿Ayudo en los estudios a los demás?

* ¿Permito abusos o injusticias que tengo la obligación de impedir? ¿Me dejo llevar del favoritismo o he actuado injustamente en contra de alguien?

* ¿Me entristezco por envidia cuando los demás tienen cosas que yo no tengo?

Octavo mandamiento

* ¿He dicho mentiras? ¿He reparado el daño que se haya podido seguir de ello? ¿Miento habitualmente porque es en cosas de poca importancia?

* ¿He revelado, sin causa justa, defectos graves de otras personas, aunque sean ciertos, pero no conocidos? ¿He reparado de alguna manera, por ejemplo, hablando de modo positivo de esa persona?

* ¿He leído cartas u otros escritos que por su modo de estar conservados, se desprende que sus dueños no quieren dar a conocer? ¿He escuchado conversaciones contra la voluntad de los que las mantenían?

* ¿He calumniado atribuyendo a los demás lo que no era verdadero? ¿He reparado el daño?

* ¿He hablado mal de los demás (personas o instituciones) con el único fundamento de que "me contaron" o de que "se dice por ahí"? ¿He pensado mal de los demás? ¿He acusado a los demás sin motivo? ¿Les he echado la culpa de lo que yo había hecho mal?

* ¿He cumplido mi palabra?

MODO DE CONFESARSE

1. Debes decir "**Ave María purísima**" o responder "**Sin pecado concebida**"

2. Luego debes decir el tiempo que hace que no te confiesas diciendo "**Me confesé hace .... días**".

3. A continuación se dicen todos los pecados que hayas recordado en el examen de conciencia, por ejemplo empezando con estas palabras "**Me acuso de...**". Procura que tu confesión sea clara, breve, completa y muy sincera. Jamás calles un pecado por vergüenza o por temor: debes confiar en la misericordia de Dios, que es tu Padre y te quiere perdonar.

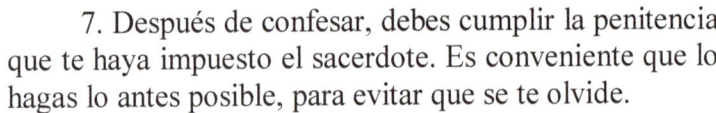

4. Puedes manifestar tu arrepentimiento, por ejemplo diciendo "**...y me arrepiento de todos mis pecados**".

5. El sacerdote te dará luego algunos consejos que te ayudarán a ser mejor y te impondrá la penitencia.

6. Luego, escucha con atención y arrepentimiento las palabras de la absolución, contestando al final "**Amén**".

7. Después de confesar, debes cumplir la penitencia que te haya impuesto el sacerdote. Es conveniente que lo hagas lo antes posible, para evitar que se te olvide.

Al hacer tu confesión recuerda que para confesarse bien hacen falta cinco cosas:

1. Examen de conciencia:
Para recordar los pecados cometidos después de tu última confesión bien hecha.

2. Dolor de los pecados:
Que es la pena de haber ofendido a Dios Padre.

3. Propósito de enmienda:
Intención de no volver a cometerlos, así como luchar por ser mejor.

4. Decir los pecados al confesor:
Con toda confianza y sinceridad. Sin callar ningún pecado por temor o vergüenza. Es bueno confesarse también de los pecados veniales.

5. Cumplir la penitencia:
Impuesta por el sacerdote. Mejor hacerla cuanto antes para que no se olvide.

APÉNDICE PARA LA CONFIRMACIÓN

97. ¿Qué son los dones del Espíritu Santo?
Los dones del Espíritu Santo son perfecciones sobrenaturales, que Dios nos concede, para obedecer dócilmente sus inspiraciones, y facilitarnos el ejercicio de las virtudes.

98. ¿Cuáles son los dones del Espíritu Santo?
Los dones del Espíritu Santo son siete: sabiduría, entendimiento, consejo, fortaleza, ciencia, piedad y temor de Dios.

99. ¿Cuáles son los frutos del Espíritu Santo?
Los frutos del Espíritu Santo son: caridad, gozo, paz, paciencia, benignidad, bondad, longanimidad, mansedumbre, fe, modestia, continencia y castidad.

100. ¿Cómo se debe recibir la Confirmación?
La Confirmación se debe recibir en estado de gracia, y conociendo las principales verdades cristianas.

101. ¿Qué es el Santo Crisma?
El Santo Crisma es una mezcla de aceite y bálsamo que el Obispo consagra el día de Jueves Santo.

102. ¿Es necesaria la Confirmación?

La Confirmación no es necesaria para salvarse; pero peca quien, pudiendo recibirla, la rechaza, porque se priva de gracias que pueden serle necesarias para vivir cristianamente.

ÍNDICE

	Página
ORACIONES DEL CRISTIANO	3
La señal de la Santa Cruz	3
El Padrenuestro	3
El Avemaría	4
Acto de contrición	4
Gloria	5
Salve	5
Bendita sea tu pureza	6
Oración al Ángel de la Guarda	6
PROFESIÓN DE FE	7
Credo niceno-constantinopolitano	7
Los Mandamientos de la Ley de Dios	8
Los Mandamientos de la Santa Madre Iglesia	9
Los Sacramentos	10
VERDADES QUE DEBEMOS CREER	11
SANTIFICACIÓN CRISTIANA	17
- Confesión (58-73)	21
- Comunión (74-92)	24
EXAMEN DE CONCIENCIA	30
MODO DE CONFESARSE	36
APÉNDICE PARA LA CONFIRMACIÓN	38

www.ingramcontent.com/pod-product-compliance
Lightning Source LLC
Chambersburg PA
CBHW040331300426
44113CB00020B/2726